Sprachwandel und Kulturwandel

Fröhliche Wissenschaft 210

Karl Vossler / Leo Spitzer
Gerhard Poppenberg (Hg.)

Sprachwandel und Kulturwandel

Matthes & Seitz Berlin

Inhalt

Karl Vossler: Form und Bedeutung. Die Grundfrage der Sprachwissenschaft[1]

In vorgeschichtlichen Zeiten schon hat der Mensch eine zweiseitige Auffaltung der Sprache gehabt, und heute noch ist die Sprachwissenschaft damit beschäftigt, diese zwei Seiten in Einklang zu bringen. Ja, in den Tagen Adams war es noch leicht, die eine mit der anderen zu vereinigen; heute verzweifeln die gewissenhaftesten und gelehrtesten Forscher daran.

»Als Gott der Herr gemacht hatte von der Erde allerlei Tiere auf dem Felde und allerlei Vögel unter dem Himmel, brachte er sie zu dem Menschen, dass er sähe, wie er sie nennte; denn, wie der Mensch allerlei lebendige Tiere nennen würde, so sollten sie heißen.« Und als Adam zum ersten Mal des Weibes ansichtig wurde, nannte er sie »Männin«, weil sie, wie er meinte, »doch Bein von meinem Bein und Fleisch von meinem Fleisch und vom Manne genommen ist«. Kurz, er gab den Dingen, je nach Einsicht in ihre Herkunft und Bestimmung, einen Namen, keineswegs also willkürliche oder launige, sondern sinnvolle Namen. Und so, wie er die Dinge taufte, sollten sie heißen. Die Namen sollten gelten, weil sie sinnvoll waren; – aber doch wohl auch deshalb, weil

Adam der Herr der Dinge war und die Macht hatte, ihnen ihre Bestimmung zu setzen. So erscheint die Namengebung zunächst als ein Stück Einsicht in das Geheimnis der Dinge und als ein Stück Herrschaft über sie.

Wer aber die Einsicht ganz mit der Herrschaft zu vereinigen weiß, ist ein Zauberer. Der Magier kennt und verwendet die wirklich sinnvollen und wahren Namen und Wörter, mit denen er die Dinge ruft, zwingt und in der Gewalt seiner Formel hält. Hinter dem Glauben in die Zauberkraft der Worte, des Fluches, des Gebetes, des Segens usw. steht die Überzeugung, dass die Sprache ein Wissen und ein Können, ein geistiges Auge und eine geistige Hand zugleich ist.

Aber die Wirklichkeit widerlegt den Zauber, indem sie ihm nicht gehorcht. Die Dinge bleiben starr und gleichgültig gegen die Namen, mit denen er sie heischt. Nun nagt der Zweifel an der Herrschaftsgewalt und damit zugleich am Wahrheitsgehalt der Namen, der Wörter, der Sprache. Gegen den Magier erhebt sich der Mystiker:

Name ist Schall und Rauch,
Umnebelnd Himmelsglut …
Gefühl ist alles …
Und wenn du ganz in dem Gefühle selig bist,
Nenn' es dann, wie du willst.

Wer aber die Dinge nennt, wie er will, wem der Name nur Schall und Rauch ist, der versteht bald die Dinge und seinen Nächsten und schließlich sich selbst nicht mehr. Er wird der Spielball der Dinge, verliert sich an sie und geht, wie es allerdings der Herzenswunsch des Mystikers will, ganz in ihnen auf. Anstatt zu ihnen zu reden, verstummt er, belauscht sie und vernimmt die unaussprechliche Harmonie ihres Lebens. Er lernt den Dingen eine neue, tiefere, sinnvollere Sprache ab. Keine toten Zauberformeln, sondern lebendige Klänge und Gesichte strömen ihm zu. Aus dem Urgrund der Dinge empfängt er ihr Geheimnis. Um das Unaussprechliche aber aussprechen und seinen Brüdern mitteilen zu können, muss er nun doch der leidigen Wörter und Namen und der alten Formeln sich wieder bedienen; denn etwas anderes würden die Menschen nicht verstehen. Zurückgekehrt aus seiner Verzückung, fällt er, sobald er den Mund öffnet, unter die Herrschaft der Wörter und Namen und ringt mit der Schwierigkeit, sich verständlich zu machen. Was dem Zauberer ein Werkzeug war, wird für ihn eine Fessel. Wofern er das Beste und eigenste seines Innern nicht verfälschen und verkümmern lassen will, muss er schweigen. Die Sprache ist nun kein geistiges Auge und keine Hand mehr, sondern ein Schleier und ein Hemmschuh für den Geist.

Nie haben diese beiden Auffassungen der Sprache sich so schroff gegenübergestanden, wie in der Zeit, da alle Christenheit bald magisch, bald mystisch gestimmt war: im Mittelalter. In beiden Lagern hatte man sich mit schwerem, von Plato und Aristoteles geliefertem Geschütz versehen. Die Magier nannten sich Realisten, um damit anzudeuten, dass sie an den Realitätsgehalt und Wahrheitswert der Sprache, der Wörter und der damit verwachsenen Begriffe glaubten. Die Mystiker hießen Nominalisten, weil ihnen der Begriff nur ein Nomen, der Name, das Wort nur eine Trübung oder Fälschung der Wahrheit und Wirklichkeit war. Der Streit wogte lang und erbittert, mit wechselndem Glück. Eine Versöhnung ist nicht zustande gekommen, hauptsächlich wohl deshalb nicht, weil von beiden Seiten her das sprachliche Denken mit dem logischen vermengt und in seiner Eigenart missachtet wurde. Immer wieder traten die Zauberer der Worte den Rittern des Geistes und Verächtern des Wortes feindlich entgegen.

Der Durchschnittsmensch aber ist, Gott sei Dank, weder ganz Magier noch ganz Mystiker und trägt Wasser auf beiden Achseln. Er macht sein Zugeständnis an die magische Auffassung, indem er annimmt, dass das Wort zwar nicht über alle Welt, wohl aber über die Menschen Macht habe und den Menschen wenigstens menschlich nützliche Wahrheiten bedeuten und vermitteln könne. Er gibt aber auch den Mystikern recht und sieht die Verschleierungen, Trübungen, Verfälschungen und Missverständnisse ein, denen der wahre Sinn des Gemeinten durch den Wortlaut des Gesagten, die Sache durch den Namen unterworfen wird. Er glaubt an die Zauberkraft der Sprache, aber mit Vorsicht, und zweifelt an ihrer Macht und Wahrheit, aber mit Maß.

Zum annähernden Verständnis des sprachlichen Lebens genügt diese vorsichtige Mittelmäßigkeit des gesunden Menschenverstandes. Doch in der Sprachwissenschaft brechen die Gegensätze wieder auf; denn hier ist mit Zugeständnissen niemand gedient. Der mystisch gesinnte Forscher, der am Wahrheits-

und Wirklichkeitsgehalt der Sprache zweifelt, hofft, das schillernde Geheimnis der Worte dadurch zu ergründen, dass er von ihrem Gehalte ganz absieht. Er bemüht sich vielmehr, die Wörter und ihr buntes Treiben aus den Wörtern selbst zu erklären und keine Rücksicht auf die Sachen zu nehmen. Er leitet das eine Wort vom anderen ab, die spätere Form von der früheren, und findet die Gründe für die Abwandlung der Formen in ihrer formalen Natur. Er baut ein System der Satzformen, Wortformen, Lautformen, ermittelt syntaktische, flexivische, phonetische Gesetze, abstrahiert vom Leben, das im Hintergrunde gärt, und lässt als wissenschaftlich nur diejenigen Erklärungen gelten, die eine sprachliche Erscheinung an eine andere knüpfen und den Abgrund nicht überfliegen, den er zwischen Leben und Sprechen aufgerissen hat. So wird aus dem Mystiker ein Systematiker der vergleichenden Grammatik. Ich möchte damit nicht gesagt haben, dass die Vertreter der Grammatik insgesamt mystische Seelen und fromme Gemüter sind. Der Augenschein würde mich Lügen strafen. Sicher ist nur, dass in der wissenschaftlichen Grammatik grundsätzlich abgesehen werden muss von allem geistigen Schaffen und Streben als einem jenseits der Sprache liegenden Werte. Die Gesinnung des Forschers, der den großen Verzicht auf die Erkenntnis dieser treibenden Werte und Urkräfte zu leisten vermag, kann im Grunde nur fromme Ergebenheit und stilles Bescheiden sein.

Der magisch gerichtete Forscher dagegen eilt vom Wort zur Sache, von der Form zu ihrem Inhalt und Sinn. Das Schicksal der Sprache wird ihm zu einer Geschichte der Dinge, die Sprachgeschichte zu menschlicher Geistes- und Kulturgeschichte. Immer deutet er über die Sprache hinaus auf die sachliche und seelische Wirklichkeit, auf den Geist, die Sinnesart und Willensrichtung, aus der diese oder jene Sprachform, diese oder jene Lautgebung herausgeboren ist. Schließlich findet er in der unscheinbarsten Umstellung der Worte, in der leisesten Schattierung der Laute und gar in den Tönungen der Stimme noch die eigenartige Gesinnung, die Meinung (den Lebenswillen), die Bedeutung heraus, die dabei im Spiele waren. Als wissenschaftlich in seinem Sinn erkennt er nur diejenigen Deutungen an, die das seelische und geistige Leben in der Sprachform, den Kern in der Hülle treffen. Jedes Ausbiegen in mechanische Erklärungen, phonetische und grammatische Abstraktionen muss ihm als Abweg oder wenigstens als Halbheit gelten.

Man hat nun, um ein friedliches Zusammenarbeiten zu ermöglichen, für beide Richtungen das Arbeitsfeld abgesteckt: den Mystikern die Formenlehre im weitesten Sinne des Wortes, den Magiern die Bedeutungslehre. Aus dieser Teilung haben, wie sich erwarten ließ, zunächst die Mystiker den größten Gewinn gezogen. In der Formenlehre ist denn auch dank den Bemühungen der sogenannten Neugrammatiker unsere Erkenntnis sehr viel weiter gediehen als in der Bedeutungslehre. Dieser Vorsprung hat es mit sich gebracht, dass die bewährten grammatischen Methoden auch in der Bedeutungslehre versucht wurden. Damit aber begann eine Verwirrung, und man geriet sich in die Haare. Ich habe es selbst erlebt, als ich unter die Magier ging und einen Versuch machte, die französische Sprache als Ausdruck der französischen Kultur und Gesinnung zu deuten. Da fiel mir zum Beispiel auf, dass am Ausgang des Mittelalters die Franzosen eine merkwürdige Vorliebe bekamen für Zeitkonstruktionen wie: *vous saurez s'il aura rien fait* statt eines in anderen Zeiten üblichen *vous saurez s'il a rien fait*, das uns korrekter anmutet. Die in gewissem Sinne inkorrekte Konstruktion aber suchte ich aus der herrschenden Denkart des ausgehenden Mittelalters abzuleiten und begreiflich zu machen. Man verstehe, dachte ich mir, solche Fälle am besten, wenn man sich unmittelbar neben die abhängige Zeitform eine relative Zeitbestimmung wie *alors* oder *à cette époque là* gesetzt denke: *vous saurez s'il aura (alors, c'est à dire à l'époque que vous vous en informerez) rient fait*. Und nun versuchte ich zu zeigen, wie dieser Zeitauffassung die Anschauungsweise eines beobachtenden Praktikus oder Experimentators zugrunde liegt, für den die Ereignisse nicht in einem fest und bedingungslos eintretenden Zeitpunkt eintreten, sondern jeweilig, d. h. immer nur dann, wenn man beobachtet hat, dass die gesetzten Bedingungen sich erfüllen. Ich glaubte auch nachweisen zu können, dass diese Zeitperspektive, in der die Vorgänge nicht als geschichtlich tatsächlich, einmalig erscheinen, sondern als jeweilig, möglich, natürlich und experimentabel, dem praktischen Sinn für berechenbare Beobachtungen entspricht, wie er am Ende des Mittelalters in Frankreich erwachte, alles durchdrang und in tausenderlei anderen, literarischen, wissenschaftlichen, wirtschaftlichen, politischen usw. Symptomen sich erkennen lässt. Zu derselben Zeit hat auch der Gebrauch des Teilungsartikels (*des cheveux, du feu, de la vertu*), der früher nur auf wenige, bestimmte Fälle beschränkt war, eine überraschende Erweiterung und Verallgemeinerung erfahren; ebenfalls, wie mir schien, ein Ausfluss jenes praktischen, rechnerischen Denkens und Wollens, für das alle Qualitäten messbar, teilbar, vertauschbar werden.

Meine grammatischen Kritiker meinten, ich wolle diesen Deutungen sprachlicher Ausdrücke den Wert einer allgemeingültigen Erklärung beimessen, und wendeten ein, dass andere praktische und rechnerische Völker und Zeiten, wie zum Beispiel die Italiener des Mittelalters, ähnliche Konstruktionen gar nicht oder doch nur sehr schwach ausgebildet hatten. Sie vergessen, dass eine historisch-psychologische Deutung doch wohl etwas anderes ist als ein allgemeines grammatisches Gesetz. Wenn der alte Cato aus Liebe zur Freiheit Selbstmord beginn, so brauchen darum nicht alle Freiheitsschwärmer dasselbe zu tun.

Ferner wendete die grammatische Kritik ein, dass die obige Zeitkonstruktion, in der ich das Anbrechen einer neuen Kultur, die Morgenluft der Renaissance gewittert habe, in Wahrheit nur eine spießbürgerliche »Attraktion des Tempus des Nebensatzes durch das des Hauptsatzes sei, also eine innerhalb der Sprache und nicht zwischen Sprache und Kultur sich ergebende Erscheinung, die dem Trägheitsgesetz entstamme«. Auf seine Weise hat der Gegner zweifellos recht. Grammatikalisch betrachtet liegt eine sogenannte Attraktion vor, das heißt die Zeitform des

Hauptsatzes *vous saurez* hat die Zeitform des Nebensatzes *s'il a rien fait* angezogen und in das Futurum herübergerissen. Aus gedankenloser Gleichmacherei ist *s'il a rien fait* zu *s'il aura rien fait* geworden. Aber dieser Lapsus hat sich durchgesetzt und ist, wenigstens in der mittelfranzösischen Zeit, eine gebräuchliche und gültige Konstruktion geworden, kann darum in jener Zeit nicht mehr als Versehen eines einzelnen beurteilt werden. Sobald eine Sprachdummheit allgemein wird, hört sie auf, eine solche zu sein. Denn jetzt erfüllt sie sich mit dem Geist dieser Allgemeinheit, den wir nicht mehr korrigieren können, sondern verstehen und deuten müssen. Jede Änderung im Formensystem einer Sprache ist zunächst als »Dummheit« in Erscheinung getreten, jede neue Bahn des sprachlichen Denkens zunächst als Entgleisung, alle Entwicklung zunächst als Entartung. Wer bei diesem ersten Moment des sprachlichen Lebens und Strebens stehenbleibt, sieht nur Irrtum, Vergessen, Versehen, Verhören, Versprechen. Dieser beim Hergebrachten verharrende, alles Tasten nach neuen Sprachformen entwertende Standpunkt hat seine volle Berechtigung eigentlich nur in der Schule, wo das alte Sprachgut bewahrt und in Reinheit und Richtigkeit den jungen Geschlechtern überliefert werden soll. Der historische Sprachforscher aber geht vom ersten Moment immer zum zweiten über und betrachtet, wie die Entgleisung zu einer neuen Bahn, der Irrtum zu einer Einsicht, Versehen, Versprechen und Verhören zu Entdeckungen des sprachlichen Auges, Verfeinerungen der Artikulation und des Ohrs sich erheben.

Merkwürdig ist dabei nur, wie solche Errungenschaften dadurch zustande kommen sollen, dass die Dummheiten oder Entgleisungen der Einzelnen allgemein werden, das heißt bei der Gesamtheit oder wenigstens bei der Mehrzahl der Angehörigen einer Sprachgemeinschaft Aufnahme finden. Indem die vielen sich den Lapsus der wenigen gefallen lassen, soll im sprachlichen Leben aus Unsinn Sinn werden? In der wunderbaren Fähigkeit, das Geistlose und Mechanische zu adeln und aus Trägheit Energie zu schlagen, liegt in der Tat das Geheimnis der Sprache. Die ersten, die es ahnten und davon entzückt und geblendet wurden, waren die Romantiker. Sie schwärmten von einem Genius der Sprache, vom Volksgeist, von der tiefen Seele der Massen. Was aber dieser Genius eigentlich ist, wussten sie nicht. Solange man es nicht weiß, werden erklärende Grammatiker und deutende Historiker, Mystiker und Magier der Sprache sich immer verständnislos oder misstrauisch gegenüberstehen.

Es hilft auch nichts, die Arbeitsfelder abzugrenzen; denn beide Teile müssen die Bebauung des ganzen Feldes beanspruchen. Alles in einer Sprache ist ja irgendwie formal, das heißt grammatisch fassbar; und es gibt andererseits kein Wörtchen, kein Redeteilchen, das nicht irgendwie einen Sinn hätte und auf Bedeutung bezogen werden müsste. Es hilft auch, wenigstens auf die Dauer, nichts, dass man Kompromisse schließt und die Formenlehre mit der Bedeutungslehre zu einer Funktionslehre, die Grammatik mit der Geschichte zu einer historischen Grammatik verquickt. Die Funktionslehre oder, wie man sie heute zu nennen pflegt, die beschreibende Grammatik, und ebenso die historische Grammatik, werden einem wirklich konkret und historisch denkendem Kopf, dem es um Erkenntnis der sinnvollen Entwicklung zu tun ist, immer zu abstrakt, zu leer und formalistisch erscheinen, dem strengen und echten Grammatiker aber werden sie lange nicht mehr systematisch genug sein. Aber gerade aus dieser Unzufriedenheit, aus diesem Misstrauen der Bedeutungslehre gegen die Formenlehre, der Sprachgeschichte gegen die Grammatik, der magischen Gesinnung gegen die mystische und umgekehrt, schöpfen beide Teile den trotzigen Mut zu neuen Eroberungen und Entdeckungen, zu immer stärkeren freundlich-feindlichen Umarmungen im Ringkampf. Die *tertia gaudens* bei diesen *duobus litigantibus* ist die Wahrheit.

Die Wahrheit heißt für den wissenschaftlichen Menschen Philosophie. Von der Sprachphilosophie erwarten wir Aufklärung und Entscheidung darüber, wie es möglich ist, dass aus dem ersten Moment der Sprache, aus der Mechanik gedankenloser Vorgänge, das zweite, die Schöpfung sinnvoller Ausdrucksformen, in denen die Geistesart ganzer Völker und Zeitalter sich enthüllt, hervorgeht.

Die Antwort, die ich zu hören glaube, klingt einfach wie ein Scherz und tief wie eine Offenbarung. Was wir Fachleute als das erste Moment bezeichnen, ist in Wahrheit, das heißt in der Philosophie, das zweite, und das zweite ist das erste. Nicht das Mechanische wird sinnvoll, sondern das Sinnvolle wird mechanisch in der Sprache, nicht aus den Dummheiten der Sprache kommen ihre Fortschritte, sondern umgekehrt aus dem Streben das Irren. Darum werden die grammatischen Systeme der Formenlehre, die den Mechanismus der Sprache darstellen, niemals stimmen und klappen; es sei denn, dass zuvor die ganze Entwicklungsgeschichte der Bedeutungen der Sprache erschöpft werde. Aber damit hat es gute Weile. Von neuem gehen die Abkömmlinge der Magier, die an die Bedeutung, den Sinn und die Macht des Wortes glauben, an die Arbeit und fahnden nach der Lebensweisheit und den Willensmächten, die durch die sprachlichen Formen zittern, und von neuem beweisen ihnen die Abkömmlinge der Mystiker, dass alle diese Formen nur leere Hüllen sind.

Magier und Mystiker sind nicht aus der Welt zu schaffende Urtypen des geistigen Lebens. Zwischen der Magie, die in der Form als einem Werkzeug alles, sogar Gott zu bauen glaubt, und der Mystik, die alle Formen zerbricht und verwirft, um in den Dingen und in Gott sich zu verlieren, ist ein ewiges Hin und Her. Darum kann der Mensch seiner eigenen Sprache gegenüber zwischen Vertrauen und Zweifel nie zur Ruhe kommen. Nur der Künstler der Sprache, der Dichter gewährt uns vorübergehend die Seligkeit des Gleichgewichts. In der Dichtung hört die Sprache auf, ein dienendes Werkzeug zu sein, aber sie ist auch keine Fessel und leere Hülle mehr, sie ist Körper und Seele, Mittel und Zweck, Form und Bedeutung, Wollen und Können zugleich, ist reine, durchsichtige, verkörperte geistige Schönheit.

Was Wunder, dass der Sprachforscher, je heftiger in ihm die dargelegten Gegensätze ringen und je mehr das Hauptproblem seiner Wissenschaft ihn quält, desto sehnsüchtiger nach dem Ausruhen im Schoß der Dichtung verlangt. Seit Jakob Grimm und Wilhelm von Humboldt bis auf Hugo Schuchardt hat der Werktag der Linguistik seinen Sonn- und Feiertag in der Poesie gesucht. Nicht dass die großen Sprachforscher auch große Dichter wären, aber sie sind die verständnisvollsten, in der Hinnahme dankbarsten und leckersten Kostgänger der Musen. Freilich fehlt es auch nicht an Sprachforschern, die vom magisch-mystischen Dualismus unberührt, ihr Tagwerk erledigen und höchstens der physischen Ruhe, nicht der geistigen Erlösung durch die Dichtung von Zeit zu Zeit bedürfen. Auch diese bescheideneren Arbeiter – solange sie bescheiden bleiben – sind nicht zu verachten. Die Führung in der Sprachwissenschaft aber gebührt jenen anderen. Denn der Geist der Sprache, von dem wir in der Formenlehre nur den Schatten und in der Bedeutungslehre nur die Ideen sehen, kann erst im Dichter ganz leibhaftig werden.

Leo Spitzer: Karl Vossler, »Form und Bedeutung. Die Grundfragen der Sprachwissenschaft‹«[2]

Der Verfasser unterscheidet unter den Sprachbetrachtern die Magier und die Mystiker. Jenen »gilt« das Wort etwas, sie sehen in jeder sprachlichen Form eine Bedeutung und entsprechen daher den mittelalterlichen Realisten, die die Welt des Seins unter den Zauber des Wortes bannen, diesen, den Nominalisten, ist Name Schall und Rauch, sie betrachten das Wort ohne Beziehung auf die Sachen und unterwerfen sich gläubig der Unerforschbarkeit der Dingwelt. Vossler ist nach seinen eigenen Darlegungen unter den Typus des Magiers, ich – nach den Zitaten aus meiner Kritik seines Werkes *Frankreichs Kultur im Spiegel seiner Sprachentwicklung* in *Zeitschrift für französische Sprache* (42, S. 169 ff.) zu schließen – werde als Mystiker aufgefasst. Vossler fordert nicht Arbeitsteilung zwischen Magiern und Mystikern (etwa so, dass jene die Bedeutungslehre, diese die Grammatik, beides im weiteren Sinne verstanden, bearbeiten), sondern gemeinsame Bewirtschaftung des Ackers der Sprachwissenschaft.

Der große Denker-Künstler hat in den paar Tageszeitungsspalten tatsächlich eine Grundfrage aller Sprachwissenschaft aufgeworfen – und meines Erachtens ewig Widerstrebendes einer vorzeitigen Versöhnung zugeführt. Eine geleimte Eintracht, in der Antipoden sich für Folien oder Pendants ausgeben, ist wohl künstlerisch befriedigender, wissenschaftlich aber schädlicher als ehrliche Feindschaft, welche die Differenzen scharf herausarbeitet. Kein noch so starker wissenschaftlicher Optimismus wird den Spalt ausfüllen können, der durch unsere Sprachwissenschaft hindurchgeht: die praktische Unmöglichkeit der ausnahmslosen Zurückführung von äußerer Form auf Geist, so sicher auch für uns »Mystiker« der Zusammenhang zwischen Geist und Form ist und so sehr wir in den Stunden der Inspiration den grammatischen Formelkram verabscheuen. Darin unterscheiden wir Realisten (in anderem Sinne als oben) uns von dem Idealisten Vossler. Wir leugnen nicht, dass Form Geist darstelle, dass jeder sprachlichen Form ein innerer Sinn, eine Bedeutungsänderung zugrunde liegen muss, wir leugnen nur die unmittelbare Verbindungsmöglichkeit von Sprachäußerlichem und Seeleninnerem.

Nehmen wir die Lautlehre: lateinisch *-a* > französisch *-e*. Gewiss wird diese Änderung auf Änderungen in der Konstitution der Sprecher zurückzuführen sein, aber bisher ist es nicht gelungen, diese Lautveränderung mit einer bestimmten, immerwirkenden Milieu- und Gemütsveränderung in Beziehung zu setzen. *A* > *e* gehört zum Beispiel heute in Paris zu den charakteristischen affektierten Sprechweisen (*medem = madame*), ganz andere Stimmung erweckt es wohl in den verschiedenen französischen Dialekten, und ganz anders wird es in vorfranzösischer Zeit gewirkt haben. Eine Wissenschaft, die nur anekdotische Einzelfälle erklärt, nicht Gesetze wenigsten zu schaffen trachtet, hat ihre Existenzberechtigung verwirkt. Vossler meint, historisch-psychologische Forschung müsse vor allem in jedem Fall individualisieren, die Bedingungen, die im einen Fall für eine Erklärung zureichen, können für dieselbe Form in einem anderen nicht maßgebend gewesen sein. Der partitive Artikel des Französischen kann sich aus einem »praktischen, rechnerischen Denken und Wollen« der Franzosen einer bestimmten Epoche erklären, während andere rechnerische Völker den partitiven Artikel nicht hervorgebracht haben. Allerdings, aber wer kann mir beweisen, dass die Zusammenstellung einer sprachlichen und einer psychologischen Tatsache wissenschaftlicher ist als die nur sprachlichen Fakten, dass also rechnerisches Denken und Partitivum eher zusammengehören als etwa romanischer Partitivus und romanische *de* – Konstruktion?

Der Magier glaubt, in dem Worte »praktisches Denken« eine Erklärung gefunden zu haben, die dem Mystiker – nur Schall und Rauch ist, solange er des Nachweises der Gesetzmäßigkeit entraten muss. Wir wollen nicht Musealwissenschaft treiben, sondern das Gesetzmäßige des Sprachablaufs ergründen – oder es wenigsten zu ergründen suchen. Vossler beachtet außerdem nicht, dass einerseits dasselbe sprachliche Faktum psychologisch auf das verschiedenste beurteilt werden kann (Jespersen sieht im englischen Monosyllabismus Männlichkeit, Finck Manchestertum!; des Tsingtauer Kommandanten letztes Telegramm: *einstehe für Pflichterfüllung bis aufs äußerste*, gilt dem Deutschen als Muster gehaltvoller preußischer Einfachheit, Franzosen wahrscheinlich als Probe militärischer derber Kurzangebundenheit!), andererseits dass durch historische Zufälle die im Gebiet A und zur Zeit A' psychologisch berechtigte Erscheinung auch im Gebiet B und zur Zeit B' erscheint. Der Spanier begehrt, der Katalane achtet, wenn er liebt (spanisch *querer* – katalanisch *estimar* für »lieben«). Nehmen wir einen überwiegenden Einfluss des Spanischen auf das Katalanisch an – und der Katalane wird begehrend lieben, kein Ibsenmensch der Pyrenäeninsel mehr sein wollen. In einer gewissen Periode der mittelalterlichen Geistesentwicklung fasste man die Liebe als (Wohl)Wollen auf – heutiges italienisches *io ti voglio bene* hat nichts mehr mit der scholastischen Psychologie zu tun. Der aus der Sprache stets direkt auf das Wesen einer Zeit schließende Forscher setzt sich Anachronismen und Anatopismen aus. So tut denn auch Houston Stewart Chamberlain mit seiner Abwägung der Etymologien von deutsch Frieden und lateinisch-romanisch *pax, paix* usw. einen Schlag ins Wasser. Sollte auch dieses den Gesinnungs- jenes den bloßen Vertragsfrieden ursprünglich bedeuten, so hat sich doch heute vollkommene Entsprechung der beiden Worte herausgebildet und, wenigstens sprachlich, ist eine verschiedene Auffassung des Friedens bei Deutschen und Romanen nicht zu erweisen.

Vossler scheint mir das Wesen der Ausbreitung linguistischer Phänomene zu verkennen. Ein einzelner »Lapsus« ist nach ihm, wenn allgemein geworden, keine »Sprachdummheit« mehr. *Vous saurez s'il aura fait* statt *s'il a fait* wäre also im Falle vereinzelten Vorkommens eine grammatikalische Angelegenheit, im Falle allgemeiner Annahme der Konstruktion sprachliches Korrelat einer Geistesverfassung. Mit der Schmidt-Schuchardtschen Wellentheorie ist doch aber wohl auch gesagt, dass eine Welle nicht von einem bestimmten Augenblick an als Welle definiert werden kann. Wie zwischen bewegtem Wasser, Dünung und Welle nur Gradunterschiede, so bestehen solche auch zwischen Sprachlapsus und Sprachgebrauch. *Eglino amano* ist klassischestes Italienisch, das genau gleich geartete wienerische »*obst du hergehst* – ob du hergehst« reinster Dialekt. Soll nun *eglino amano* einem bestimmten italienischen Seelenzustande entsprechen, während *obst du hergehst* nur individuelle Sprachdummheit ist? Ist es nicht richtiger zu sagen, beide »ausgearteten« Konstruktionen sind an einem bestimmten Punkte zu einer bestimmten Zeit entsprungen und werden ohne Plebiszit einer sich in ihnen wiedererkennenden Sprachgemeinschaft durch verschieden häufigen Gebrauch in verschiedenem Grade eingeübt, so dass sie hier im Stadium des seinen Sprecher deklassierenden Idiotismus bleiben, dort zu literarischen Ehren gelangen? Es handelt sich also bei den Sprachneuerungen nicht um Sprachdummheiten, die nachträglich durch Zustimmung der Allgemeinheit geadelt werden, sondern meist um gleichzeitig sinnvolle und dumme Parallelbildungen an ererbtes Sprachmaterial. *No* in *eglino*, *aura* in obigem französischen Satz sind dumm vom Standpunkt der außersprachlichen Logik, sinnvoll durch die so bewirkte Verknüpfung der Worte beziehungsweise Sätze.

Der wissenschaftliche Impressionismus Vosslers gleicht jener künstlerischen Betrachtungsweise, die einem Kunstwerk alle seine Reize, Vorzüge, Stimmungswerte als Eigengut anrechnet, ohne dessen historische Bedingtheit zu beachten. So ungerecht es nun aber wäre, an einem Watteau die seinen Vorfahren und Zeitgenossen entlehnte Technik als Watteaus Gottesgabe zu bewundern, so unbillig ist das Hineindeuten von Seelischem in Sprachphänomene, die aus den menschlichen Denkgewohnheiten im Allgemeinen, dem Systemzwang der bestehenden Sprache, der Vererbung durch die Sprachtradition usw. genügend erklärt werden können.

Schon vor Vossler hat Jakob Venedey in *Die Deutschen und Franzosen nach dem Geiste ihrer Sprachen und Sprichwörter* (1842) eine, allerdings unhistorische, immerhin aber deskriptiv psychologische Betrachtungsweise eingeführt, die eine bei den Sprechern beobachtete Eigenschaft in ihre Sprache hineintragen will – natürlich oft *a posteriori* Zusammenstellungen für primäre Tendenzen hält und so leicht dazu kommt, eine Teleologie zu postulieren, wo Entwicklung vorliegt. Die rechnerischen Franzosen gebrauchen den Partitivartikel, das erinnert an Venedeys Darstellung (S. 4): »Der Deutsche dekliniert nicht nur den Artikel, sondern auch das Hauptwort selbst. Letzteres hält der

Franzose für überflüssig. Das ist schon die deutsche Pünktlichkeit, die beileibe nichts vergessen möchte; während der Franzose es nicht so genau nimmt, sondern rasch auf das Ziel zustrebt, sich an dem Allernotwendigsten hält und den Rest über Bord wirft.« Die Wahrheit ist natürlich, dass der Franzose die Deklination nicht für überflüssig »hält«, sondern dass infolge der Kontinuität der Entwicklung die Andeutung der Deklination verloren gehen konnte, ohne dass die Bedeutungsschattierungen verloren wurden. Venedey – und so in vielen Fällen Vossler – setzt einen frei schaffenden, nicht einen von den Traditionen seiner Sprache abhängigen Sprecher voraus. Und wäre zufällig der Deutsche nicht »pünktlich« und umständlich, der Franzose nicht zielstrebig, so würde gewiss infolge der oben gezeichneten Vieldeutigkeit sprachlicher Erscheinungen für derlei Spracherscheinungen eine andere Erklärung gefunden werden können.

Wenn anders ich die Gleichung Vossler = Magier, Grammatiker = Mystiker gelten lassen soll, so besteht sie insofern zu Recht, als der Magier mit seinem Zauberstab aller Schwierigkeiten leichter Herr wird als der Mystiker, der sich an sie hingibt. Vossler stellt sich außerhalb der Sprache auf eine psychologische Warte, von der aus er menschliches Treiben bis in die feinen Ritzen der Sprache verfolgt. Ist er aber jener Magier des Südens, der sich einen Standort außerhalb der Erde wählen wollte, und nicht vielmehr selbst ein erdgebundenes Wesen, dessen Deutungen nicht nur von der Erde, sondern von der engen, zufälligen Heimat beeinflusst sein müssen? Vosslers sprechende Menschen wandeln paradiesisch leichtbeschwingt, frei von der Last der Sprachgeschichte, durch ein selbstgeschaffenes Eden, in dem sie ihr Inneres eigenkräftig auswirken können; wir anderen sehen in dem sprechenden Individuum den Sohn seines Sprachstammes, aus dem er hervorwächst und den er überragen, dem er aber nie entwachsen kann, festgewurzelt, wie er nun einmal in seiner Umwelt ist. Vossler zieht vor allem die Einflüsse des Geistes auf die Sprachmaterie in Betracht, vernachlässigt aber die Wirkungen der Sprachmaterie, des traditionell Gegebenen in der Sprache auf diese selbst. Die Sprache wird vom äußeren historischen Geschehen geändert, aber die so beeinflusste Sprache selbst ist der hauptsächlichste sprachbeeinflussende Faktor. Der Sprach-Magier sieht nur die Zweiheit Sprache ~ Leben, der Mystiker die geheimnisvolle Trias Leben ~ Sprache ~ Sprache (und die noch schicksalsdunklere: Leben ~ Sprache ~ Leben)!

Nun wird es uns klar, warum die Sprache nie restlos auf das Leben zurückgeführt werden kann, denn das Leben wirkt auf die Sprache, und diese veränderte Sprache verändert nun ihrerseits sich selbst. Ganz ähnlich schreibt ein Naturforscher (P. Kammerer: »Allgemeine Biologie« S. 289), die »erste und eigentliche Ursache aller Variation« in der Natur liegen in den »äußeren Energien der Umwelt, die teilweise unmittelbar physikalisch-chemisch die lebende Substanz verändern, teils mittelbar durch die verschiedene Tätigkeit, zu der die Organe bei geänderter Lebenslage gezwungen« werden. Ersetzen wir »lebende Substanz« durch »Sprachsubstanz« und verschiedene »Tätigkeit der Organe« durch »Änderungen des Sprachsystems«, so haben wir die genaue Entsprechung für die Sprachwissenschaft.

Wie jede Sprache ist auch die deutsche nichts Festes, Starres, Vollkommenes; welche Tatsache immer ihr verloren ginge, welche neue in sie einträte, sie würde nicht aufhören, deutsch zu sein. Die Sprache Otfrieds ist deutsch, und sie ist den heutigen Deutschen fremd wie irgendeine wirklich fremde Sprache.

Hugo Schuchardt

Gerhard Poppenberg

Gott, Geschlecht, Grammatik

Karl Vossler (1872–1949) und Leo Spitzer (1887–1960) sind romanistische Philologen. Vossler ist ab 1911 Professor für Romanistik an der Universität München. Spitzer ist österreichischer Jude und hat deshalb die damals üblichen Schwierigkeiten im akademischen Betrieb. 1925 wird er – dreizehn Jahre nach seiner Habilitation – an die Universität Marburg, 1930 an die Universität zu Köln berufen, 1933 durch das »Gesetz zur Wiederherstellung des Berufsbeamtentums« entlassen. Er geht ins Exil, zunächst nach Istanbul, ab 1936 in die USA, wo er an der Johns-Hopkins-Universität in Baltimore lehrt. Spitzers Replik auf Vosslers Essay stammt aus der Zeit der fachlichen Annährung an den älteren Kollegen.

Vosslers sprachwissenschaftliche Arbeiten behandeln sprachgeschichtliche Fragen wie den Übergang vom Lateinischen zu den romanischen Sprachen im Horizont sprachphilosophischer Überlegungen. Jürgen Trabant nennt ihn einen Nachfolger Wilhelm von Humboldts (1767–1835) und zitiert einen Nachruf, der Vossler – nicht Saussure – den »eigentlichen Neuerer« der Sprachwissenschaft des 20. Jahrhunderts nennt. Seine anspruchsvollste Studie in der

Linie von Humboldts Einsichten in die Beziehung von Sprachformen und Denkformen ist eine Parallelaktion von französischer Sprach-, Literatur- und Kulturgeschichte, die zunächst 1913 und in neu bearbeiteter Version 1929 als *Frankreichs Kultur und Sprache* erscheint.

Spitzer ist anfangs fast ausschließlich Sprachwissenschaftler. Seine literaturwissenschaftlichen Arbeiten knüpfen an die Forschungen Vosslers zur Frage des sprachlich-literarischen Stils an. In der Sprachwissenschaft erforscht er die Geschichte und Etymologie einzelner Wörter, die er ebenfalls in einer geistes- und kulturgeschichtliche Perspektive betrachtet. *Essays in Historical Semantics* (1948) und *Classical and Christian Ideas of World Harmony* (1944/45; 1963) zeigen die Tragweite dieser »historischen Semantik«.

I

Der Essay Vosslers ist 1916 im *Berliner Tageblatt*, Spitzers Replik ein halbes Jahr später im *Literaturblatt für germanische und romanische Philologie*, einem zweimonatlich erscheinenden Rezensionsorgan, erschienen. Die »Grundfrage der Sprachwissenschaft« verfolgt Vossler bis an den Anfang der Menschheitsgeschichte im Schöpfungsbericht der Genesis zurück: der mythischen Urszene für die jüdisch-christliche Zivilisation. Problematisch ist in Vosslers Deutung die »zweiseitige Auffaltung der Sprache«, die »bis heute« nicht in eine Einheit überführt ist. Die geologische Metapher der »Auffaltung« legt nahe, dass die

»zwei Seiten« der Sprache zwar einem gemeinsamen Grund – einem sprachlichen Magma – entstammen, aber – nach Art der plattentektonischen Kollision von Kontinentalblöcken – durch archaische katastrophische Veränderungen entstanden sind. Die Sprache ist in ihrer wesentlichen Einheit zugleich gegenstrebig gefügt. Im paradiesischen Ursprungsmythos ist die Katastrophe der Sündenfall, der in den Sprechakten Adams präfiguriert wird.

Vossler führt zwei Momente für die »zweiseitige Auffaltung« an. Adam benennt die Dinge gemäß der Einsicht in ihr Wesen, die er hat, weil er vor dem Sündenfall noch im Stand der Gnade ist; er benennt sie nicht arbiträr, sondern »weil sie sinnvoll waren«. In der adamitischen Ursprache gibt es keinen Unterschied zwischen Benennung und Benanntem. In der griechischen Tradition ist das die nach dem platonischen Dialog *Kratylos* benannte kratyleische Sprache. Gérard Genette (1930–2018) hat in *Mimologiken. Reise nach Kratylien* diese beiden Überlieferungen zusammengestellt, die immer wieder gegen die Einsicht angeführt wurden, dass die Wörter lediglich ein arbiträr-konventionelles Verhältnis zu den mit ihnen bezeichneten Dingen haben.

Das zweite Moment bedeutet, dass Adam mit der Benennung »Herr der Dinge war und die Macht hatte, ihnen ihre Bestimmung zu setzen«. Die Sprache ist nicht nur »Einsicht in das Geheimnis der Dinge«, sondern auch »Herrschaft über sie«. Das wird auf einer zweiten Ebene des Berichts verdeutlicht. Der Mensch selbst hat auch »zwei Seiten«: die zwei Geschlechter. Sie haben ebenfalls eine konfliktive Dimension und entstammen womöglich auch einem gemeinsamen Grund. Die Geschlechterdifferenz wird gleichermaßen in sprachlicher Hinsicht eingeführt. Der Mann benennt die Frau als Männin, weil sie aus ihm entstanden ist. Luther bildet das hebräische *isch – ischscha* nach.

Die Geschlechterdifferenz wird aus der Perspektive des Manns eingeführt. Er benennt die Frau – »wie er meinte«, fügt Vossler ironisch hinzu – gemäß seiner »Einsicht in ihre Herkunft und Bestimmung« und übt so »Herrschaft über sie« aus. Eine bestimmte Deutung des Geschlechterunterschieds reicht nach dieser mythischen Version der Sprachgeschichte bis in die Anfänge der Sprache zurück. Die Einschränkung, Adam habe seine Frau nur auf Grund einer Meinung und nicht einer wahrhaften Erkenntnis als ihm wesensgleich benannt, ist ein Muster historischer Semantik. Sie kann sich auf die doppelte Schöpfungsgeschichte des Menschen in der *Genesis* stützen. Zunächst heißt es nämlich, Gott habe den Menschen nach seinem Bild »männlich und weiblich« geschaffen: *sâkâr û -n^{e}qebâh; arsen kai thêlu; masculum et feminam* (Gen 1,27; vgl. Mk 10,6). Erst die zweite Version berichtet von dem Schlaf oder Traum Adams (*tar^{e}ddemâh; ekstasis; sopor*), während dessen Gott operativ die Frau aus seiner Rippe bildet. Nach dem Erwachen vollzieht Adam, wie gewohnt, den Akt der Benennung für das neue Wesen und gibt ihr den Namen »Männin«, der sie auf ihn selbst, den Mann, zurückführt. Die Übersetzer der Septuaginta unterscheiden auch hier *gyne* und *aner*, die Vulgata bildet *vir – virago* (Gen 1,23).

Vosslers Deutung verbindet die anfängliche Auffaltung von Benennung und Beherrschung, Erkenntnis und Macht mit der Geschlechterdifferenz, die in der ersten Version durch unterschiedliche Worte, im zweiten Fall durch Ableitung aus einem vorherigen Wort benannt wird, so dass der Unterschied der Geschlechter durch einen Akt der Macht zu Gunsten des männlichen Geschlechts aufgehoben wird. Der kurz darauf stattfindende Sündenfall ist durch dieses Machtwort präfiguriert. Die Auffaltung – so entspricht das Ende von Vosslers Überlegungen dem mythischen Anfang – kann momentan in der weiblich konnotierten Dichtung neutralisiert werden. Der »Schoß der Dichtung« kehrt die anfängliche Aufhebung der Geschlechterdifferenz durch den Mann nachgerade um.

Es gibt zwei elementare Einstellungen zur Sprache: die magische und die mystische; sie bilden den Zauderrhythmus der Sprache, denn sie sind immerfort im Wechsel am Werk. Der Magier vertraut auf die »Zauberkraft der Worte, des Fluches, des Gebetes, des Segens usw.«. Die Sprache ist ihm zugleich »ein Wissen und ein Können«; sie ist nicht nur informativ, sie hat auch performative Kraft. Dagegen hegt der Mystiker »Zweifel an der Herrschaftsgewalt und damit zugleich am Wahrheitsgehalt« der Sprache. Deshalb sucht er die Wahrheit der Dinge jenseits der Sprache, muss allerdings auch, wenn er deren womöglich erfahrenes »Geheimnis« mitteilen will, wieder zur Sprache zurückkehren.

Die beiden Einstellungen entsprechen sprachphilosophisch dem Realismus und Nominalismus der christlichen Scholastik, die aber bereits in der antiken Philosophie diskutiert wurden und, so die Pointe Vosslers, jedes anspruchsvolle Denken über Sprache konfigurieren. Deshalb grundiert dieser sprachphilosophische Komplex Vosslers Auseinandersetzung mit Benedetto Croce (1866–1952) über sprachphilosophische Grundfragen, die er in den vorangegangenen Jahren geführt hatte.[3] Die Nominalisten sind die Mystiker der Sprache, für die Worte nur bezeichnende Namen und Begriffe nur Abstraktionen sind: beide gleichermaßen arbiträr und konventionell gebildet. Die Wahrheit ist allein durch den unmittelbaren Zugang des Geistes zu den Dingen zu erlangen; die Sprache trübt den Zugriff, die Wörter und Begriffe sind nur Zeichen, das wahrhafte Denken findet sprachlos statt. In dieser Perspektive wird der nominalistische Mystiker zum Schwarmgeist; er will den Sinn ohne Sprache, den Geist ohne Körper, die Wahrheit ohne Hülle. Die Konstruktivisten jeglicher Couleur werden so als unverantwortliche Schwätzer – die Welt ist nur sprachliche Konstruktion – oder als wortgläubige Schwärmer – neue Wörter konstruieren neue Wirklichkeiten – erkennbar. Die radikale Trennung von Sprache und Wirklichkeit, Geist und Welt dürfte gnostischer Provenienz sein.

Den Magiern entsprechen die Realisten, die eine Wirklichkeit von Ideen und eine der Sprache und dem Denken inhärente Wahrheit annehmen, weil die Wörter in der Linie der adamitischen Ursprache dem Wesen der Dinge entsprechen und so auch Macht über sie verleihen. Der realistische Magier wird dann zum wahrhaften Mystiker, der weiß, dass der Kern nur in der Schale, die Wahrheit nur in der Sprache, der Geist nur im Körper und der Gott nur im liturgisch-rituellen Akt erscheint, dass die Sprache ein notwendiges Medium und die Erkenntnis allegorisch verfasst ist. Vossler diagnostiziert allerdings für die Realisten eine Vermengung von Logischem und Sprachlichem, die, indem sie die Sprache vornehmlich von der begrifflichen Klassifikation her versteht, ihr Besonderes verkennt.

Gegen diese sprachphilosophischen Extreme stellt Vossler als dritte Einstellung den Alltagssprachgebrauch des »Durchschnittsmenschen«, der die »Zauberkraft« der Sprache in Hinsicht auf die Menschen kennt, sich aber auch des möglichen sprachlichen Trugs bewusst ist. Die Sprache ist nicht nur nominalistisch, aber auch nicht ganz und gar realistisch. Diese »vorsichtige Mittelmäßigkeit des gesunden Menschenverstands« trägt allerdings sprachphilosophisch nicht sehr weit, denn die elementare »Auffaltung der Sprache« ist unhintergehbar.

Der nominalistische Mystiker zieht aus dem Zweifel an der Wahrheitsfähigkeit der Sprache die Konsequenz, sie ohne Rücksicht auf Bedeutung und Gehalt zu untersuchen. Er wird zum linguistischen Positivisten und strukturalistischen Systematiker, der die Sprache in der Perspektive reiner Wissenschaft der Sprachformen ohne Bezug zur Welt betrachtet. Sprachwandel ist Formwandel. Die Sprache ist ein formales Spiel, die Wahrheit liegt – falls es sie gibt – jenseits der Sprache.

Die formale Sprachwissenschaft des 19. Jahrhunderts, die Vossler in *Positivismus und Idealismus in der Sprachwissenschaft* (1904) als Positivismus beurteilt, wird in der strukturalen Linguistik des 20. Jahrhunderts fortgesetzt. Ferdinand de Saussures (1857–1913) ebenfalls 1916 erschienenen *Cours de linguistique générale* hat Vossler sogleich in dieser Linie gesehen. In *Geist und Kultur in der Sprache* (1925) diagnostiziert er, der *Cours* mache das »blutleere Zeichensystem der Sprechenden zum ausschließlichen Gegenstand der Sprachwissenschaft«, indem er »die abstrakte *langue* aus sich selbst zu erklären hofft«.[4] Die formale Linguistik sieht vom wirklichen Leben ab, das am Grund der Sprache »gärt«. Sie beschränkt sich nur auf die Sprache selbst, ohne den »Abgrund [...] zwischen Leben und Sprechen« überbrücken zu wollen. Der Preis ist, von »geistigem Schaffen und Streben«, von allen Fragen der wahrhaften Semantik und des Gehalts abzusehen.

Die Sprache und das intellektuelle Leben als Geist sind auf nicht leicht zu erkennende Weise ein Emergenzphänomen der Materie, des Körpers und der Sinnlichkeit; im Sinnlichen entsteht eine Spannung als Intention auf Sinn, die in der mechanischen und formalen Sprache Gestalt annimmt. Vossler führt die Metapher der Gärung an; die Verwandlung von Traubensaft in Wein ist ein natürlich vermittelter kultureller Akt, der eine neue Qualität des natürlichen Stoffs bewirkt. Entsprechend ist die Gärung des Lebens die Intention auf Bedeutung, die aus dem Saft des Lebens den Wein der Sprache bildet. Der Destillation von Weingeist entspricht die Ausbildung des Geistes in der menschlichen Geschichte.

Deshalb sieht der Magier der Sprache den Inhalt und Gehalt der Wörter, so dass die Geschichte der Sprache zu einer »Geistes- und Kulturgeschichte« wird. Vossler hat den Anspruch, die Prägung der Sprache durch die »Sinnesart und Willensrichtung« der Sprechenden bis in die Lautgestalt, die Intonation, den Sprachrhythmus und die Klanggestalt der Stimme zu verfolgen. Das ergibt eine andere Konzeption von Sprachwissenschaft. Sie zielt nicht nur auf die Sprachform, sondern auf das »seelische und geistige Leben«, das in ihr Gestalt gewinnt. Deshalb kann die Trennung von Form- und Bedeutungslehre nur provisorisch sein.

Vossler selbst hat mit seiner Studie *Frankreichs Kultur und Sprache* versucht, »die französische Sprache als Ausdruck der französischen Kultur und Gesinnung zu deuten«. Gesinnung ist terminologisch zu verstehen. Kultur ist ein kollektives und gesellschaftliches Phänomen: die Gemeinschaft derer, die einen Sinn teilen. So hat Vossler aus Veränderungen der Zeitenfolge im Französischen des ausgehenden Mittelalters »das Anbrechen einer neuen Kultur, die Morgenluft der Renaissance gewittert«: den Sprachwandel in Bezug zum Epochenwandel verstanden. Solche Deutungen sind prekär, weil sie nicht auf allgemeine Gesetze der Sprachen aus sind, sondern die Entwicklung etwa der französischen Sprache aus allgemeinen Prozessen der Sinnbildung, also der kulturellen Entfaltung der Franzosen erklären. Die besondere Entwicklung der französischen Zivilisation zu einer bestimmten Epoche ist verbunden mit einer Form der Sprachentwicklung, die in anderen Sprachen nicht stattfinden muss, weil in ihnen, trotz einiger Ähnlichkeiten der Zivilisation, eine andere allgemeine »Gesinnung« herrscht. Damit wird auch deutlich, dass diese Form der Kultur- als Bedeutungsgeschichte nicht auf einem irgendwie nebulösen Nationalcharakter gründet, sondern – als ein geistesgeschichtlicher Materialismus – streng am überlieferten Quellenmaterial orientiert ist.

Die Sprachwissenschaft unterscheidet diesen Gegensatz als Form und Bedeutung. Im 20. Jahrhundert wurde die Formlehre, zumal im Zug der strukturalen Linguistik, fast zur alleinigen wissenschaftlichen Sprachforschung, während die Bedeutungslehre zunehmend verkümmerte, so dass gegenwärtig auch die »Geistes- und Kulturgeschichte« nach dem Muster der formalen Wissenschaft als nominalistischer Konstruktivismus betrieben wird und ein Buch wie *Frankreichs Kultur und Sprache* heute schwer möglich wäre.

Den Einwand der formalen Linguistik gegen die dem Buch zu Grunde liegende Deutung, eine sprachliche Form sei aus einer geistigen Haltung zu erklären, macht auch Spitzer geltend. Anderswo hat eine ähnliche Haltung nicht dieselbe Sprachform hervorgebracht. Das ist aber, so Vossler, die Verwechslung einer »historisch-psychologischen Deutung«, die besondere Entwicklungen zu erklären und zu verstehen sucht, mit der Suche nach »allgemeinen grammatischen Gesetzen«. Der Vergleich mit dem Römer Cato (95–46 v.Chr.), der aus einer individuellen und zugleich allgemeinen, nämlich politischen Einstellung – »aus Liebe zur Freiheit« –, sich selbst tötete, zeigt, dass die Form des Allgemeinen, um die es in dieser Konzeption von Wissenschaft geht, nicht die der objektiven Gesetzmäßigkeit ist, sondern die einer individuell vermittelten beispielhaften und so allgemeingültigen Haltung.

Die formale Erklärung von Phänomenen des Sprachwandels durch Abweichung kann nicht erklären, warum ein solcher »Lapsus« zu einer allgemeinen grammatischen Form geworden ist. Daraus ergibt sich eine Reflexion über den Sprachwandel im Allgemeinen, die ins Zentrum von Vosslers Sprachdenken führt. Sprachwandel ist zunächst immer individuelle Abweichung vom allgemeinen Sprachgebrauch. Sie beginnt als »Sprachdummheit«, die in Vergessenheit gerät, wenn sie nur ein Lapsus bleibt, die aber, wenn sie von anderen Sprechenden und schließlich von der Sprachgemeinschaft übernommen wird, keine Dummheit mehr, sondern eine neue Form der Sprache ist. Aus der Perspektive der Gemeinschaft der Sprechenden ist die beginnende Veränderung nur fehlerhafter Sprachgebrauch. Vossler gibt dieser Haltung ihre Berechtigung »eigentlich nur in der Schule«, wo der korrekte Sprachgebrauch unterrichtet werden soll. Der wissenschaftlich-historische Blick hingegen versucht, die Veränderung der Sprache mit einem Wandel der Mentalität der Sprechenden zu korrelieren und zu verstehen, wie die Abweichung Ausdruck einer anderen Bedeutung ist.

Mit »Sprachdummheit« spielt Vossler auf das Buch des Leipziger Oberlehrers und Stadtarchivars Gustav Wustmann (1844–1910) an: *Allerhand Sprachdummheiten. Kleine deutsche Grammatik des Zweifelhaften, des Falschen und des Häßlichen.* Das Buch ist zunächst 1891 erschienen, bis zur dritten Auflage 1903 »vermehrt und verbessert« und bis heute immer wieder nachgedruckt worden. Die Formel der »Sprachdummheit« wurde schnell geläufig. Eckhard Henscheid verschweigt im Vorwort zu *Dummdeutsch* (1993) diese Tradition und misst sich lieber an der Sprachkritik von Karl Kraus oder Kurt Tucholsky. Mit dem in der Art von Gustave Flauberts (1821–1880) *Sottisier* zusammengestellten »Wörterbuch« von »Werbe- und Kommerzdeutsch«, »handfest-törichtem Presse- und Mediendeutsch« sowie »verbalem Imponiergewurstel« allgemein zielt Henscheid immerhin auf eine »Signatur der Epoche«, gar »auf die der Sprache und Sprachgeschichte selber«, und schließlich – Gipfel einer sprachmystisch-gnostischen Grundeinstellung – auf die »ontische Torheit des Worts, des in und an sich selbst Verwesenden von Wort und Wortbildung, fast eine Ästhetik also auch des Scheußlichen, des Ruinösen und des Desaströsen alles Phonetischen«.[5]

Dagegen ist für Vossler die sonderbare Dynamik, dass »aus Unsinn Sinn« wird, die »wunderbare Fähigkeit, das Geistlose und Mechanische zu adeln und aus Trägheit Energie zu schlagen« – die Gärung des Lebens als Intention auf Geist – ein Zeichen für das »Geheimnis der Sprache«. Weil die wirkende Kraft der Dynamik bis auf weiteres geheimnisvoll bleibt, wird die »Auffaltung« der Sprache in systematische »Grammatiker und deutende Historiker«

bestehen bleiben. Dabei liegt die Einheit der beiden Seiten auf der Hand, denn es gibt keinen Inhalt und Gehalt des Fühlens und Denkens, der nicht eine sprachliche Form, und keine sprachliche Gestalt, die nicht bis in die kleinsten Einzelheiten Bedeutung hätte.

Vosslers vorläufige Auflösung des Konflikts durch »Philosophie« entstammt seinen zuvor veröffentlichten Gedanken: *Positivismus und Idealismus in der Sprachwissenschaft* (1904) und *Sprache als Schöpfung und Entwicklung* (1905). Seinem sprachwissenschaftlichen Idealismus gemäß wird »nicht das Mechanische sinnvoll«, sondern »das Sinnvolle mechanisch in der Sprache«. Neue Formen entstehen nicht aus Irrtümern und Fehlern, diese werden aus neuem geistigem Streben begangen: aus der »Lebensweisheit und den Willensmächten, die durch die Sprache zittern«. Diesem idealistisch konfigurierten sprachlichen Realismus gegenüber zielt die formale Betrachtung nur auf die leere Hülle. Die von ihm selbst zuvor angeführte Metapher der Gärung des materiell-natürlichen Lebens deutet allerdings an, dass es mit dieser einfachen Umkehrung nicht getan ist. Wenn die beiden »Urtypen des geistigen Lebens« zeitweise in der Dichtung versöhnt werden, wird eine anspruchsvolle, hermeneutisch begründete Literaturwissenschaft zur »Führung in der Sprachwissenschaft«.

Die historischen Veränderungen des Lebens, das in der Sprache »gärt«, finden ihre Entsprechung im Sprachwandel, der nicht nur Formwandel, sondern Gestalt des Bedeutungswandels ist. Vossler löst den

Antagonismus der Sprache nicht durch Rückgriff auf mythisch-religiöse Figuren wie Volksgeist oder durch Leugnung der Bedeutung der anderen Seite einseitig auf. Der Geist ist als historische Kraft in der Sprache wirksam und nimmt als Kultur Gestalt an. Er ist als Sprach- und Kulturwandel erkennbar, ohne eine substanzielle Instanz jenseits der historischen Prozesse zu sein. Kultur, Geist und Sprache sind Korrelationsbegriffe. Das ist der Sinn des Titels *Geist und Kultur in der Sprache*. Die Korrelation der drei Begriffe gründet in der Gemeinschaft der Sprechenden, die ihre Kultur als ihre Geschichte ausbilden. Geschichte hat ihr Wesen nicht im Geist, sondern das Wesen von Geist, Kultur und Sprache ist die Geschichte. Das ergibt einen Begriff von Geist, für den das Historische konstitutiv ist.

Spitzer meint, Vosslers Wendung am Ende sei eine »vorzeitige Versöhnung« und als »geleimte Eintracht« sogar aus wissenschaftlicher Perspektive schädlich. Für ihn ist, was Vossler »Auffaltung« nennt, ein derart elementarer »Spalt«, dass eine Erklärung von äußerer Form durch Geist niemals restlos möglich ist. In späteren Jahren hat er das nicht mehr so kategorisch bestritten, lediglich für die gegenwärtige Wissenschaft als nicht möglich beurteilt. Sigmund Freud (1856–1939) hat für die Psychoanalyse ebenfalls einen psycho-physischen Parallelismus gefordert, mit dem der psychische Apparat eine körperliche Entsprechung hat und das Seelenleben physiologisch verankert wird. In beiden Fällen, der Wissenschaft von der Sprache wie der Seele, ist der Forschungstand weit entfernt, das zeigen zu können – und heute wohl auch zu wollen. Für Vossler sind solche Entsprechungen nicht universell und allgemein gesetzlich, sondern individuell gesetzlich.

Gegen Vosslers Deutung des Zusammenhangs von sprachlichen und kulturellen Phänomenen aus einzelnen, am Ende nur »anekdotischen Einzelfällen« macht Spitzer die Forderung geltend, wirkliche Wissenschaft habe doch wenigstens auf Gesetze zu zielen. Eine Wissenschaft des je Einzelnen, je Gesellschaftlichen und je Epochalen, also eines individuell und partikular vermittelten Allgemeinen ist für ihn – zumindest damals – nicht denkbar und auch nicht sinnvoll. Spitzer, der seine sprachwissenschaftliche Ausbildung bei dem in Vosslers Deutung positivistischen Linguisten Wilhelm Meyer-Lübke (1861–1936) absolviert hatte, kann sich zunächst ein Gesetz nur als ein objektiv Allgemeingültiges vorstellen. Damit wird aber die Herausforderung von Vosslers methodischem Ansatz erst wirklich deutlich. Er hat seinen Grund in etwas, das Georg Simmel (1858–1918) kurz zuvor in der Zeitschrift *Logos* (1913), in der auch Vossler einige seiner sprachphilosophischen Aufsätze publizierte, als ein »individuelles Gesetz« entwickelt hatte. Es hat eine »radikalere Objektivität« als das vermeintlich objektive allgemeine rationale Gesetz. So wird erkennbar, dass das Individuelle nicht subjektiv und das Objektive nicht überindividuell sein muss. Es gibt eine »Objektivität des Individuellen«, die »aus dem individuellen Leben herausgeformt« wird. [6]

Spitzer hat dreißig Jahre später in seiner methodischen Grundsatzreflexion »Sprachwissenschaft und Literaturwissenschaft« (1948) die formale Sprachbetrachtung mit Bezug auf Meyer-Lübke als »Vorgeschichte« einer jeweiligen Sprache bezeichnet und selbst ab den 1920er-Jahren Sprachgeschichte und Literaturgeschichte mit Geistes- und Kulturgeschichte verbunden. Seine Einwände sind teils einsichtig, teils etwas rechthaberisch. Dass ein und dasselbe sprachliche Element verschieden beurteilt werden kann, spricht nicht gegen die Deutung, sondern zeigt nur, dass ein Faktum unterschiedlich deutbar ist. Und wenn ein solches Faktum auch in anderen Sprachen mit anderer Bedeutung erscheint, ist das ebenfalls kein Einwand. Spitzer hat später, auch motiviert durch seine Auseinandersetzung mit der Psychoanalyse, Freuds methodische Grundannahme der *Traumdeutung* (1900), ein Traumelement habe keine objektiv-allgemeine, sondern immer nur eine subjektiv-partikulare Bedeutung und könne sogar innerhalb eines Traums verschiedene Bedeutung haben, für seine eigenen Stilstudien übernommen. Die Psychoanalyse und die hermeneutisch orientierte Philologie praktizieren eine andere Form von Wissenschaft. Spitzers Argumentation damals zeigt die Vorbehalte – »wissenschaftlicher Impressionismus« –, die gegen die Vosslers Deutung tragende Sprachkonzeption bis heute gängig sind – und die auch in der Psychologie die Psychoanalyse für unwissenschaftlich erklären. Spitzer hat später fast alle gegen Vossler angeführten Punkte, da für eine angemessene Sprach- und Literaturwissenschaft unzulänglich, aufgeben.

II

Die Einsichten Vosslers in sprachliche Dynamiken können womöglich etwas Klarheit und Gelassenheit in gegenwärtige Debatten über die politische Dimension von Sprache und die auf beiden Seiten ideologisch bornierte Verbissenheit tragen. Ein Grund der Debatten ist, dass die eine Hälfte der Menschheit im Zuge der Forderungen nach gleichen Rechten für Frauen in der Gesellschaft zunehmend auch eine angemessene Präsenz in der Sprache fordert.

Im Folgenden wird die binäre Geschlechterkonzeption zu Grunde gelegt. Sie geht von zwei Grenzwerten aus, zwischen denen es – gemäß der tiefgründigen, aus der elementaren Polymorphie der menschlichen Trieb- und Affektverfassung gezogenen Einsicht von Magnus Hirschfeld (1865–1935) – zahllose sexuelle Zwischenstufen und Geschlechtsübergänge gibt. Damit wird der Wunsch nach sexueller Klassifizierung in diverse geschlechtliche Identitäten grundlos. Es gibt so viele Geschlechter wie Menschen, und jeder Mensch hat seine eigene Geschlechtsidentität.

Der Wunsch nach Veränderung der Sprache auf Grund von Einsichten in die nicht nur biologische, sondern auch soziale Dimension von Geschlechtlichkeit zielt mit dem Sprachwandel auf einen gesellschaftlichen Wandel – und umgekehrt. Das reicht von dadaistischer Albernheit – *history* und *herstory* – bis zu substanziellen Veränderungen der Konzeption von grammatischem Genus, weil das generische Maskulinum zunehmend nicht mehr als neutrale Form der Wortbildung mit einer »unschuldigen« Semantik, sondern als Ausschluss des »anderen Geschlechts« (Simone de Beauvoir, 1908–1986) verstanden wird. Das führt zu neologistischen Wortbildungen. Deren Gegner verurteilen das als Ideologie; ihre eigene Haltung charakterisieren sie als wissenschaftlich und kritisieren die Neubildungen als falsch.

Allerdings ist der Widerstand gegen den genderorientierten Sprachwandel ebenfalls als Ideologie zu deuten, die desto stärker wirkt, als sie im Gewand der Wissenschaft und mit der Absicht der Sprachkritik und Sprachpflege auftritt. Wäre das generische Maskulinum tatsächlich so inklusiv, wie allenthalben behauptet wird, gäbe es keinen Grund, nicht ein ebenso inkludierendes generisches Femininum zu akzeptieren. Das fällt erkennbar in das Gebiet der sprachlichen Konventionalität. Deshalb ist auffällig, dass es meistens mehr oder weniger alte Männer sind, die sich offenbar in dem, was sie für ihre Männlichkeit halten, durch derartige sprachliche Übergriffe bedroht fühlen. Die metaphorische Orchestrierung der wissenschaftlichen Kritik ist vielsagend – als wären Thron und Altar in Gefahr. Die »Reinheit« der Sprache ist bedroht, das Gendern ist »Misshandlung« der Sprache, es »vergeht sich« an ihr. Die »Jagd auf grammatische Kategorien« richtet »Schaden« an und führt zu einem »Umbau des Deutschen«. Der »Tugendterror« der »Sprachpolizei« zielt auf »Umerziehung«.

Die Argumentation, das grammatische Geschlecht habe nicht die Funktion, das biologische

Geschlecht auszudrücken, weil das generische Maskulinum etwa bei den Berufsbezeichnungen eine rein formale Bildung ist, bleibt auf der Seite der Formlehre – als wäre der Inhalt von der Form zu trennen. Wie das Verhältnis im Einzelnen beschaffen ist, bleibt zu erforschen. Die hermeneutisch geschulte Bedeutungslehre ist durch die Einsichten der Psychoanalyse oder der disseminativen Dekonstruktion komplexer geworden; sie hat verstanden, dass semantische Prozesse nicht nur literal stattfinden, indem die Wörter ihre lexikalische Bedeutung realisieren, sondern zudem ein Feld von Konnotationen und Polysemien erzeugen.

Das neuhochdeutsche »jeder(mann)« mag sprachgeschichtlich keinen Bezug zum biologischen Geschlecht gehabt haben, weil »Mann« allgemein »Mensch« bedeutete und die semantische Verengung auf »Mann« im biologischen Sinn jüngeren Datums ist. Dann liegt es aber auf der Hand, dass die neue Semantik auch auf die Ableitung »jedermann« abfärbt, so dass gendersensible Geister in »jedermann« – nur – den Mann wahrnehmen. Und wenn Berufe gemäß dem generischen Maskulinum bezeichnet werden, hat das neben der formalen Bildung – Verb plus Endung *-er* (backen – Bäcker, mauern – Maurer) –, da die Berufe kraft gesellschaftlicher Regelung traditionell von Männern ausgeübt wurden, auch eine durch Konvention entstandene semantische Konnotation, falls nicht sogar Bedeutung. Zumindest wird letzteres durch gewandelte gesellschaftliche Konventionen heute so wahrgenommen. Das führt zur Suche nach neuen

Wortbildungen. Solche Prozesse, zeigt die Sprachgeschichte, finden nicht von heute auf übermorgen statt. Ein wissenschaftlich und theoretisch formatierter Geist könnte dankbar sein, wenigstens die Anfänge eines wahrhaften Sprachwandels verfolgen zu dürfen und so vielleicht neue Einsichten in das »Geheimnis« der Sprache zu gewinnen.

Auch das grammatische Geschlecht der Dinge ist wahrscheinlich weniger neutral als allgemein angenommen. Vossler führt in *Positivismus und Idealismus* ein Beispiel dafür an, dass die Menschen mit der Sprache ihre »eigene Geistesart in die Dinge hineinprojizieren«. Wenn in den romanischen Sprachen die Sonne maskulin, in den germanischen Sprachen feminin ist, hat das seinen »Grund nicht in der Sonne, sondern in den Sprechern«. Sie deuten die Sonne jeweils anders.[7] Das grammatische Geschlecht transportiert offenbar konnotativ etwas vom natürlichen Geschlecht – oder die Deutung der Dinge durch die Menschen erfordert das grammatische als semantisches Geschlecht.

Sprachwandel ist nicht eine Sache von Fehlern oder Missverständnissen aus Unwissen, sondern des Sprachwillens. Die romanischen Sprachen sind nicht aus dem Vulgärlatein hervorgegangen, weil die Menschen in der Schule nicht richtig aufgepasst hatten und deshalb Fehler in der Sprache machten, sondern weil ein geändertes Lebensgefühl, der Sprachgeist und der sozial-kulturelle Wille der Sprachgemeinschaft im 4. und 5. Jahrhundert sich wandelten. Für einen durchschnittlichen Römer der Spätantike waren Bildungen wie *habeo lectum librum* statt *librum lexi* überflüssig, wenn nicht falsch. Aus ihnen wurden später die Formen des Perfekts in den romanischen Sprachen – die manche als Varietäten des Lateinischen verstehen, um anzudeuten, dass die antike Welt nicht einfach untergegangen ist, sondern in anderer Gestalt weiterexistiert. Auch ein christlicher Hymnus im Latein des Prudentius (348–413) war für römische Ohren keine Lyrik; das neue Metrum störte das Sprachempfinden. Aber diese neue Dichtung war Ausdruck eines gewandelten, bis heute wirksamen Sprachgefühls. Die Umwandlung der antiken in die christliche Welt zeigt auch, dass solche Prozesse von langer Dauer sind. Mischa Meier hat unlängst in *Geschichte der Völkerwanderung* den Prozess historiographisch über mehr als ein halbes Jahrtausend verfolgt.

Das erlernte Sprachsystem samt Lexik und Grammatik wird im Gebrauch nicht nur angewendet, sondern auch modifiziert – und ändert sich irgendwann. Die neuen Formen sind zunächst provisorisch. Und welche am Ende zum sprachlichen Habitus geworden sein werden, liegt weder bei den Propagandisten noch den Kritikern des Wandels; es geschieht durch die Gemeinschaft der Sprechenden. Vor Jahren haben die Linguisten die Metapher der »unsichtbaren Hand« für die Prozesse der Sprachentwicklung von den Ökonomen übernommen, die sie ihrerseits den Theologen – ihrer Denkfigur der göttlichen Providenz – entlehnt hatten. War nicht die *energeia* Humboldts, der theologisch hinreichend instruiert war, bereits ein solches säkularisiertes Theologumenon? Ein bisschen mehr Zuversicht in die Kraft der

Sprache wäre auf beiden Seiten der Debatten hilfreich.

Die konventionelle Sprache ist nicht schlicht arbiträr. Die Konventionen bilden semantische Traditionen, von denen vergessen wird, dass sie einmal durch Übereinkunft entstanden sind. Friedrich Nietzsche (1844–1900) hat in *Götzendämmerung* im Zusammenhang der »Vernunft in der Sprache« die Befürchtung geäußert, »wir werden Gott nicht los, weil wir noch an die Grammatik glauben«. Die Grammatik ist kein platonisches Ideensystem, sondern eine historisch entstandene Sprachform. Nietzsche impliziert mit dem Satz, dass eine bestimmte grammatische Struktur im Zusammenhang mit einer Seins- und Substanzmetaphysik steht, gegen die er eine Konzeption von Veränderung und Wandel – »das Werden überhaupt« – anführt. Das steht im Horizont von Humboldts Einsicht, dass Sprachformen und Denkformen korrespondieren. So ist der möglicherweise gegenwärtig sich abzeichnende Wandel der Sprache als einer des Denkens zu verstehen. Die Sprachfehler von heute sind die semantischen Gehalte von morgen – sofern die Sprachgemeinschaft die Gehalte zu übernehmen willens ist.

Als fehlerhafte »Sprachdummheit« kritisierte Wustmann »die Beamtin« statt »die Beamte« – wie die Bekannte, die Geliebte. Von einem Partizipialsubstantiv – der »Beamte« aus »Beamteter« – ist kein Femininum auf *-in* zu bilden. Das ist nachvollziehbar, aber schon damals führte der Duden »die Beamtin« an, und heute spricht das Bundesministerium des Inneren auf der Homepage von den Beamten und

Beamtinnen im öffentlichen Dienst. Die Sprachgemeinschaft hat gegen die Wortbildungslehre verstoßen und eine fehlerhafte Form durchgesetzt. Sie wird auch bei den heute umgehenden fehlerhaften Bildungen die Instanz sein. Lässt die formale Argumentation diese gesellschaftliche Dimension außer Acht, ist der Widerstand gegen die Änderung der sprachlichen Konvention als Widerwille gegen den Wandel der sozialen Konvention zu erkennen.

Die Geschlechterdifferenz gehört zur elementaren Konzeption des Gefüges menschlicher Zivilisation. Deshalb hat der jüdisch-christliche Schöpfungsbericht sie in die Schilderung der Anfänge der menschlichen Geschichte eingefügt und Vossler mit seinem ironischen »wie er meint« angedeutet, dass die dort geschilderte Ordnung der Geschlechterdifferenz einer Deutung durch den Mann entspringt. Ein Wandel dieser archaischen Konzeption impliziert einen vermutlich grundstürzenden Wandel des gesellschaftlichen Gefüges und der Sprache als seiner Ausdrucksgestalt. Kulturwandel und Sprachwandel entwickeln sich parallel und implizieren sich gegenseitig.

Ein Streitpunkt der Genderkritik ist der Glottisschlag, der zwischen zwei Lauten einen Hiat bildet; in der deutschen Sprache ist er gängig. Er wird – als phonetische Ergänzung, nicht als eigenes Phonem – zwischen zwei Phonemen gebildet: be'einflussen oder ver'einnahmen, Po'esie oder Vor'stellung. Das Argument, der Hiat diene der Markierung von semantisch tragenden Elementen – Vorsilbe und Trägerwort – oder zur Unterscheidung von Wortsilben – The'ater –, macht geltend, er werde beim Gendern fehlerhaft verwendet, weil er weder den Wortakzent noch die Semantik regle, sondern den Wort- und Bedeutungsakzent auf die feminine Nachsilbe *-in* verschiebt; es macht deutlich, worum die Debatte sich dreht. Die generische Bildung Leser'in, Bäcker'in hat die Wirkung – sollte sie sich durchsetzen –, das männliche wie weibliche Geschlecht gleichermaßen zu bezeichnen. – Wer älter als Fünfzig ist, kann, mit etwas Sprachgefühl, immer häufiger spüren, wie der Wort- und Satzakzent der deutschen Sprache sich verschieben. Da scheint tatsächlich etwas im Umbruch zu sein.

Ein anderes Phänomen von Wortbildung zeigt, dass auch weitere Dimensionen der gesellschaftlichen Ordnung und der Konzeption von Zivilisation im Umbruch sind. Vor fünfzehn Jahren kam der Begriff *Metaisierung* auf. Das griechische *meta* ist, wie das deutsche *zwischen* oder *nach*, eine Präposition oder ein Präfix. Daraus ein Verb und aus diesem ein Substantiv zu bilden, ist nach den Regeln der Wortbildung nicht möglich. Eine deutsche Übersetzung wäre *Zwischenisierung* oder *Nachisierung*. Hat einer der kritischen Sprachpfleger gegen die fehlerhafte Begriffsbildung Einspruch erhoben? Oder fehlt hier die persönliche Betroffenheit? *Metaisierung* ist inzwischen in der Wissenschaftssprache verbreitet und bereits zur Ehre eines Wikipedia-Eintrags gelangt. Die Frage ist, warum die Gemeinschaft der Philologen, die es doch besser wissen sollten, die fehlerhafte Wortbildung akzeptiert und verbreitet.

Ein weiteres Beispiel aus dem gegenwärtigen deutschen Sprachgebrauch zeigt, dass hier eventuell eine Tendenz des Sprachwandels zu beobachten ist. In verschiedenen Medien heißt es von Menschen, die sich mit der binären Geschlechtsklassifizierung nicht gemeint fühlen, sie seien »trans Menschen«. Erneut wird eine Präposition ungrammatisch, nämlich in der Rolle eines Adjektivs verwendet. Wenn Präpositionen adjektivisch und substantivisch gebraucht werden, ändert sich das Gefüge der Sprache. Man kann das als falschen Sprachgebrauch abtun oder mit Vossler fragen, welche Bedeutung das haben könnte – wohl wissend, dass einige Beispiele noch keinen Sprachwandel ausmachen.

Die angeführten Präpositionen erhalten eine Bedeutung, die ihnen bislang nicht zukommt. Der Beziehungsausdruck wird adjektivisch und substantivisch gebraucht; das Relationale wird wesentlich. Das ist als eine Konsequenz der Metaphysikkritik zu verstehen, die ausgehend von Nietzsche im 20. Jahrhundert entfaltet wurde. Sie scheint jetzt – in der Korrespondenz von Denkform und Sprachform – in die Sprache einzugehen. Wohin das führt, bleibt abzuwarten.

Wenn die Relation, die in der traditionellen Substanzmetaphysik als Akzidenz gedeutet wird, in die Position der Substanz rückt, bedeutet dieser Wandel des Begriffs der Substanz und des Wesens eine nicht minder grundstürzende Veränderung des zivilisatorischen und sozialen Gefüges wie die der Geschlechterkonzeption. Sind wir an dem Punkt, dass »eine Sprachdummheit allgemein wird« und »sich mit dem

Geist der Allgemeinheit« füllt? Ist die »Änderung im Formensystem der Sprache« Anzeichen einer »neuen Bahn des sprachlichen Denkens«, so dass wir anfangen müssen »zu verstehen und zu deuten«?

Anmerkungen

1 Zuerst erschienen in: *Berliner Tageblatt*, Nr. 632, 10. Dezember 1916, 2. Beiblatt.
2 Rezensionsessay zu Vossler: »Form und Bedeutung. Die Grundfragen der Sprachwissenschaft«, zuerst erschienen in: *Literaturblatt für germanische und romanische Philologie*, 38 (1917), S. 145–149.
3 Ausführlich dazu: Gerhard Poppenberg, *Geist, Geschichte, Wirklichkeit. Grundfragen der Philologie in der deutschen Romanistik der ersten Hälfte des 20. Jahrhunderts*, Heidelberg 2022.
4 Karl Vossler, *Geist und Kultur in der Sprache*, Heidelberg 1925, S. 209 u. 216.
5 Eckhard Henscheid, *Dummdeutsch. Ein Wörterbuch*, unter Mitwirkung von Carl Lierow und Elsemarie Maletzke, Stuttgart 1993, S. 7 ff.
6 Georg Simmel, »Das individuelle Gesetz«, in: ders., *Das individuelle Gesetz. Philosophische Exkurse*, herausgeben von Michael Landmann, Frankfurt am Main 1968, S. 174–230, hier S. 201 u. S. 217.
7 Karl Vossler, *Positivismus und Idealismus in der Sprachwissenschaft. Eine sprachphilosophische Untersuchung*, Heidelberg 1904, S. 29.

Bibliografie

Gérard Genette, *Mimologiken. Reise nach Kratylien*, aus dem Französischen übersetzt von Michael von Killisch-Horn, München 1996; Frankfurt am Main 2001.

Eckhard Henscheid, *Dummdeutsch. Ein Wörterbuch*, unter Mitwirkung von Carl Lierow und Elsemarie Maletzke, Stuttgart 1993.

Mischa Meier, *Geschichte der Völkerwanderung. Europa, Asien und Afrika vom 3. bis zum 8. Jahrhundert*, München 2019.

Gerhard Poppenberg, *Geist, Geschichte, Wirklichkeit. Grundfragen der Philologie in der deutschen Romanistik der ersten Hälfte des 20. Jahrhunderts*, Heidelberg 2022.

Hugo Schuchardt, Rezension von Leo Spitzer: *Fremdwörterhatz und Fremdvölkerhass*, in: *Literaturblatt für germanische und romanische Philologie* (1919), S. 1–8.

Georg Simmel, »Das individuelle Gesetz«, in: ders., *Das individuelle Gesetz. Philosophische Exkurse*, herausgeben von Michael Landmann, Frankfurt am Main 1968, S. 174–230.

Leo Spitzer, »Karl Vossler: ›Form und Bedeutung (Die Grundfragen der Sprachwissenschaft)‹, 2. Beiblatt des *Berliner Tageblatts* vom 10. Dezember 1916«, Rezension in: *Literaturblatt für germanische und romanische Philologie*, 38 (1917), S. 145–149.

Leo Spitzer, »Sprachwissenschaft und Literaturwissenschaft«, in: Leo Spitzer, *Texterklärungen. Aufsätze zur europäischen Literatur*, aus dem Englischen und Französischen von Gerd Henniger, Helmut Hofmann und Gerd Wagner, Frankfurt am Main 1990, S. 7–33; zuerst 1948 als »Linguistics and Literary History«.

Jürgen Trabant, *Weltansichten. Wilhelm von Humboldts Sprachprojekt*, München 2012.

Karl Vossler, *Positivismus und Idealismus in der Sprachwissenschaft. Eine sprachphilosophische Untersuchung*, Heidelberg, 1904.

Karl Vossler, *Sprache als Schöpfung und Entwicklung. Eine theoretische Untersuchung mit praktischen Beispielen*, Heidelberg 1905.

Karl Vossler, »Form und Bedeutung. Die Grundfrage der Sprachwissenschaft«, in: *Berliner Tageblatt* Nr. 632, 10. Dezember 1916, 2. Beiblatt.

Karl Vossler, *Geist und Kultur in der Sprache*, Heidelberg 1925.

Gustav Wustmann, *Allerhand Sprachdummheiten. Kleine deutsche Grammatik des Zweifelhaften, des Falschen und des Häßlichen*, dritte vermehrte und verbesserte Auflage, Leipzig, Grunow, 1903 ([1]1891). 1905 auch als *Grunows grammatisches Nachschlagebuch. Ein Wegweiser für jedermann durch die Schwierigkeiten der deutschen Grammatik und des deutschen Stils.*

Erste Auflage Berlin 2022

MSB Matthes & Seitz Berlin
Verlagsgesellschaft mbH
Göhrener Str. 7 | 10437 Berlin
info@matthes-seitz-berlin.d

Satz: psb, Berlin
Druck und Bindung: Art-Druk, Szczecin
Umschlaggestaltung nach einer Idee von
Pierre Faucheux
ISBN 978-3-7518-0559-9
www.matthes-seitz-berlin.de